AF242370

ENCYCLOPÉDIE-RORET

CONSTRUCTION ET EMPLOI

DES

MACHINES-OUTILS

V

C.

ENCYCLOPÉDIE-RORET

CONSTRUCTION ET EMPLOI

DES

MACHINES-OUTILS

IMPRIMÉ PAR CHARLES NOBLET, RUE SOUFFLOT, 18.

NOUVEAU MANUEL COMPLET

DES

MACHINES-OUTILS

EMPLOYÉES DANS

LES USINES ET LES ATELIERS DE CONSTRUCTION

POUR LE

TRAVAIL DES MÉTAUX

PAR

M. J. CHRÉTIEN

Ingénieur civil.

ATLAS

PARIS

LIBRAIRIE ENCYCLOPÉDIQUE DE RORET

RUE HAUTEFEUILLE, 12.

Je certifie que cet atlas comprenant les planches Nᵒˢ 1 à 16 est exactement semblable à celui qui se vend avec le texte du Manuel des Machines-Outils.

S. Rovet

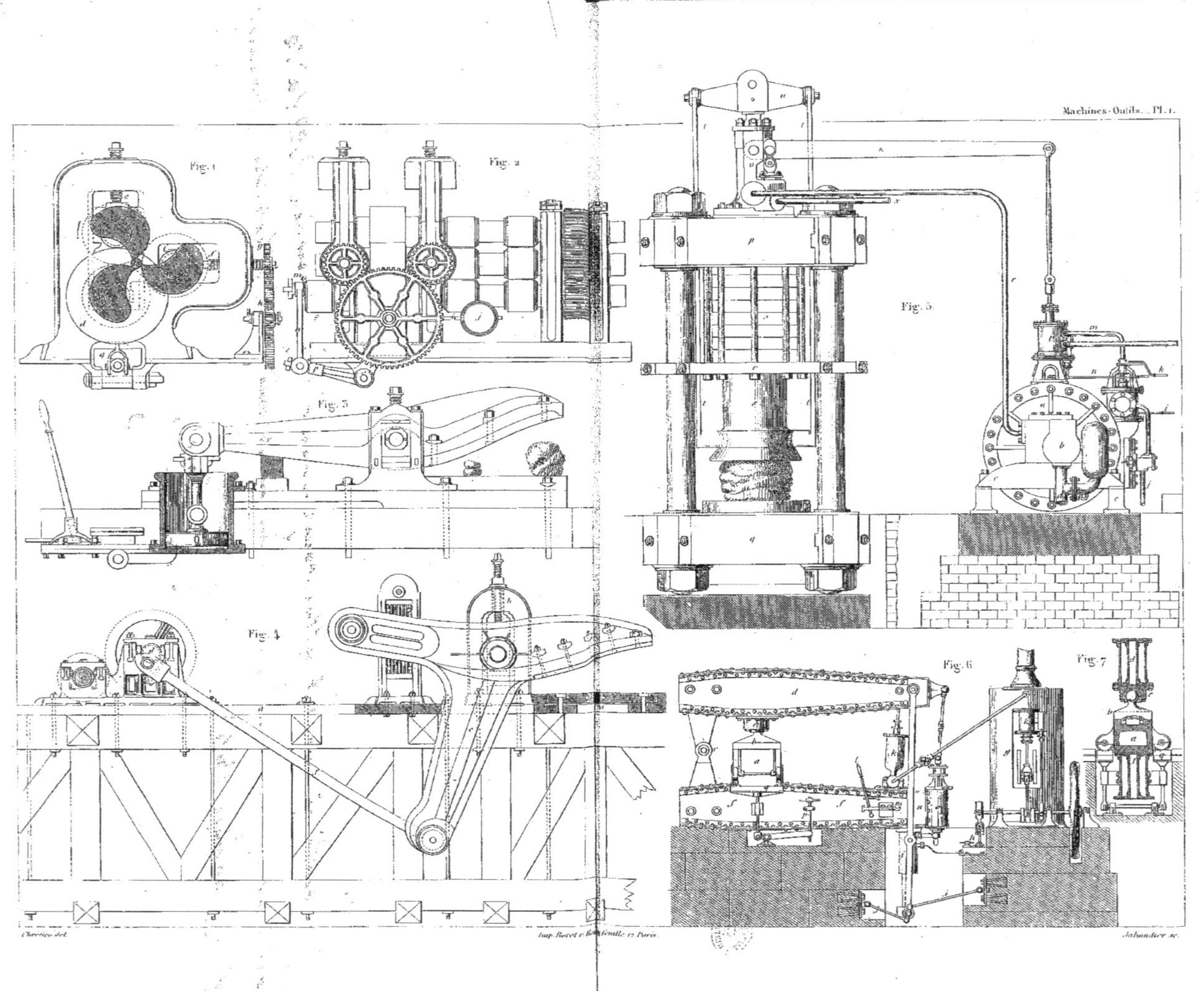

Machines-Outils. Pl. 1.
Fig. 1
Fig. 2
Fig. 3
Fig. 4
Fig. 5
Fig. 6
Fig. 7
Chevrier del.
Imp. Bacyl et Estienville, 17 Paris.
Jahandier sc.

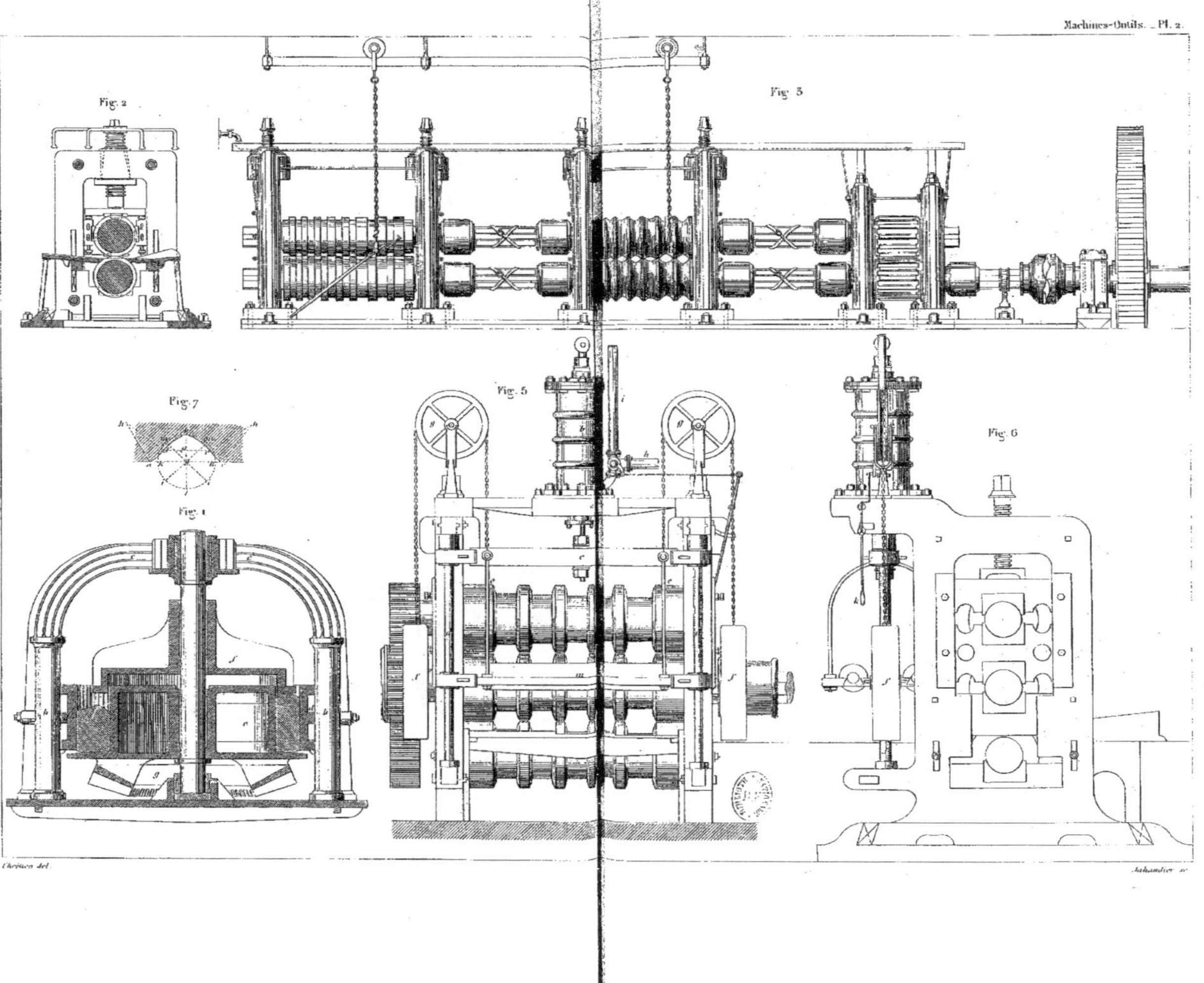

Fig. 2
Fig. 3
Fig. 7
Fig. 1
Fig. 5
Fig. 6
Chrétien del.
Aubandier sc.

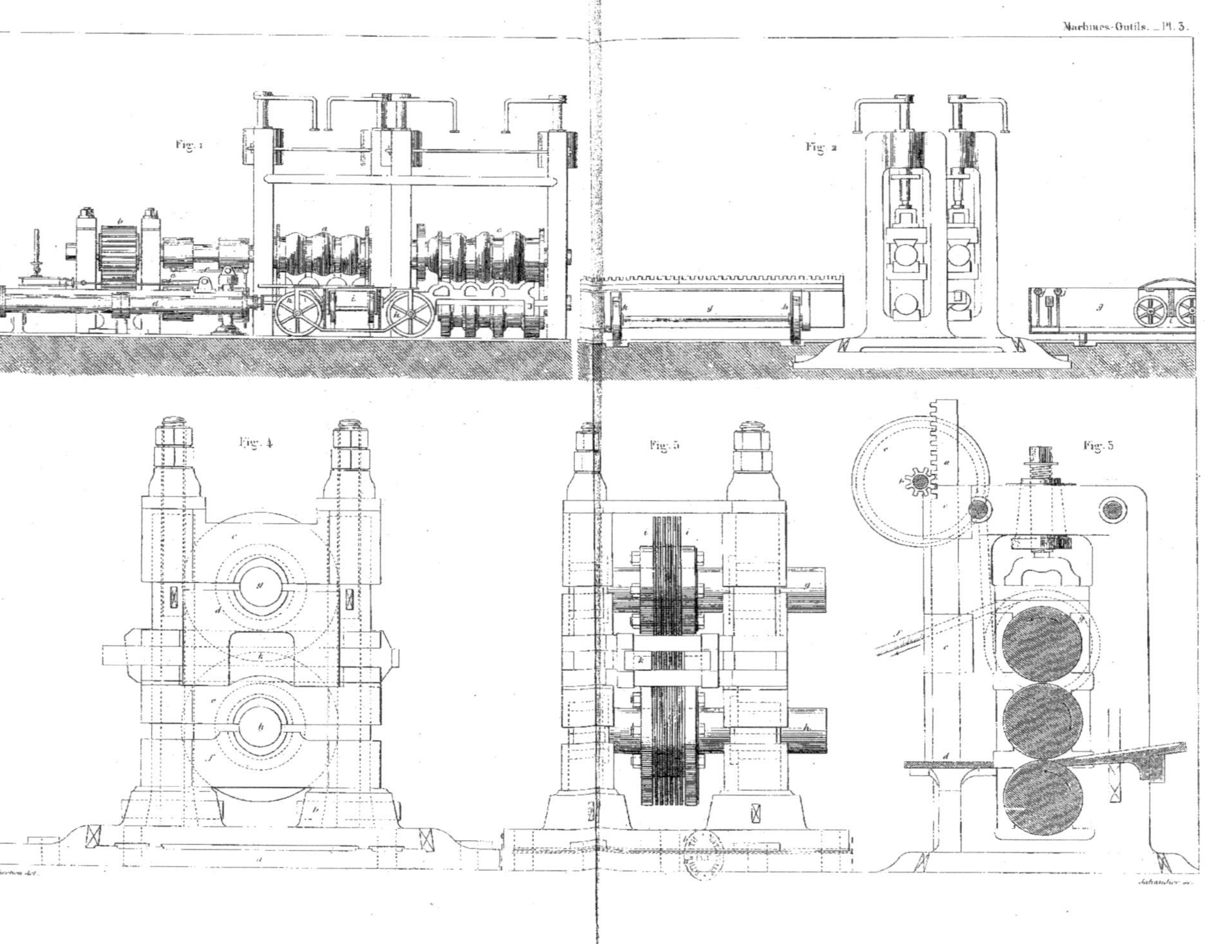

Fig. 1
Fig. 2
Fig. 4
Fig. 5
Fig. 5

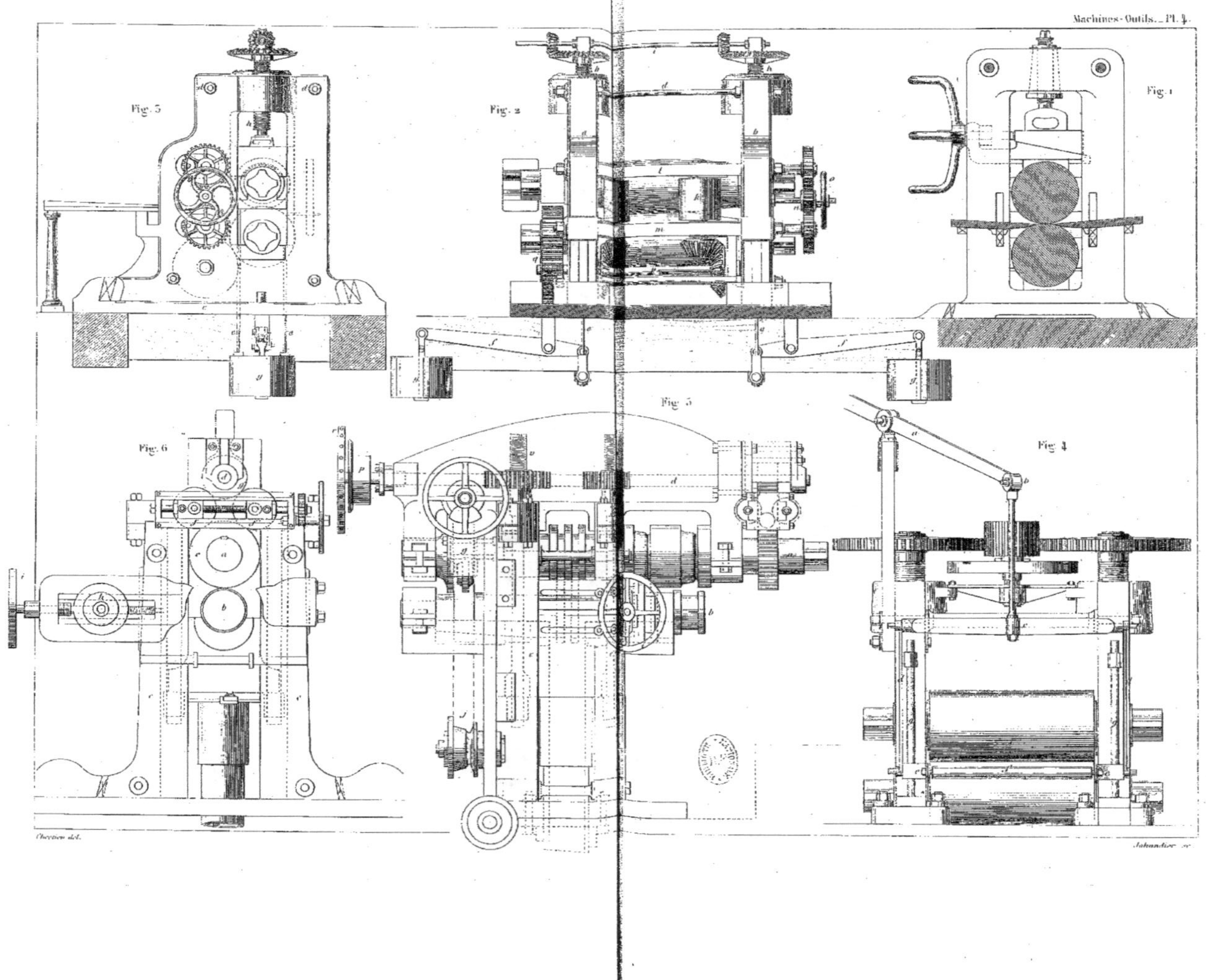

Machines-Outils.—Pl. 4.
Fig. 1
Fig. 2
Fig. 3
Fig. 4
Fig. 5
Fig. 6
Chretien del.
Schneider sc.

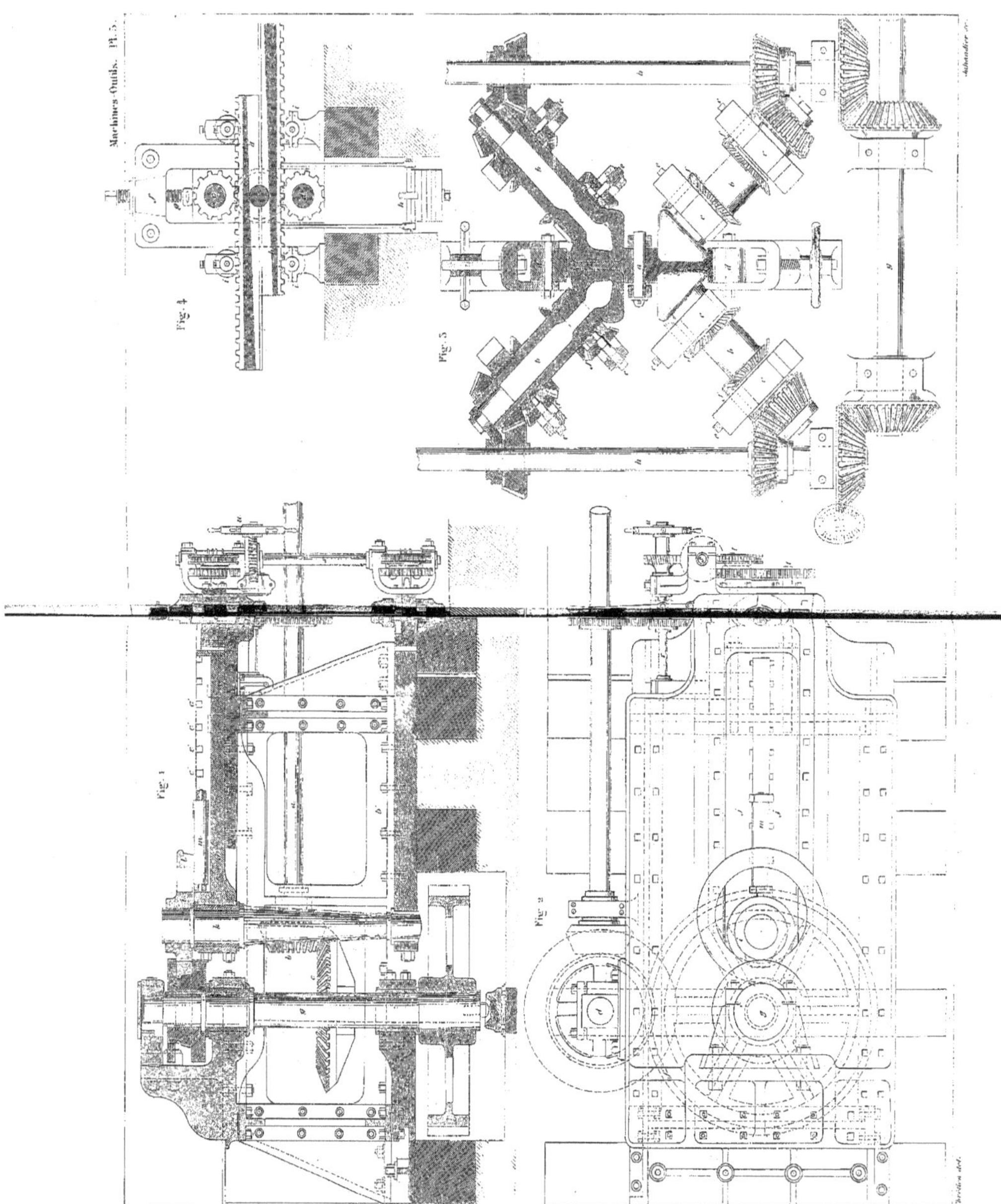

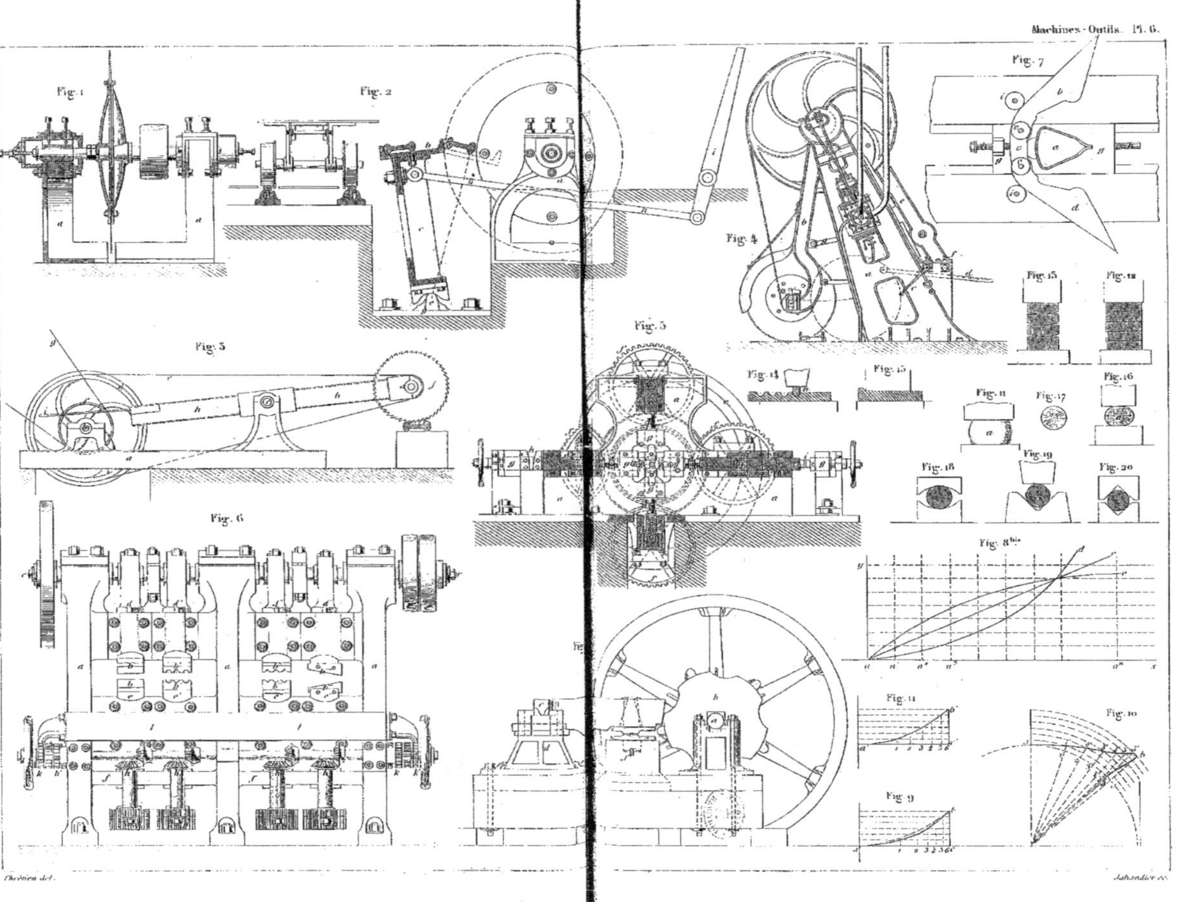

Machines-Outils. Pl. 6.
Fig. 1
Fig. 2
Fig. 3
Fig. 4
Fig. 5
Fig. 6
Fig. 7
Fig. 8 bis
Fig. 9
Fig. 10
Fig. 11
Fig. 12
Fig. 13
Fig. 14
Fig. 15
Fig. 16
Fig. 17
Fig. 18
Fig. 19
Fig. 20
Chrétien del.
Jahandier sc.

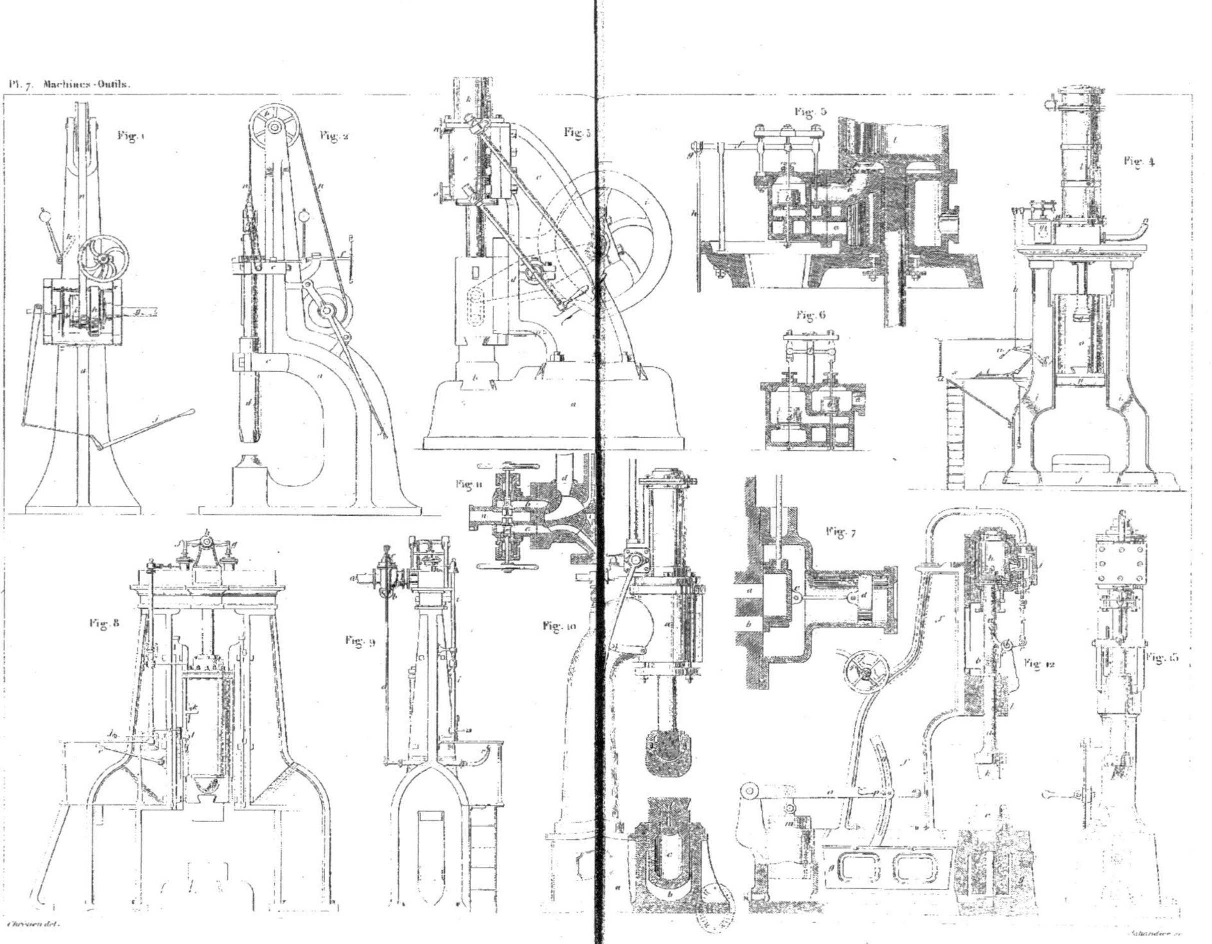
Pl. 7. Machines-Outils.
Fig. 1
Fig. 2
Fig. 3
Fig. 4
Fig. 5
Fig. 6
Fig. 7
Fig. 8
Fig. 9
Fig. 10
Fig. 11
Fig. 12
Fig. 13
Chevron del.
Schneider sc.

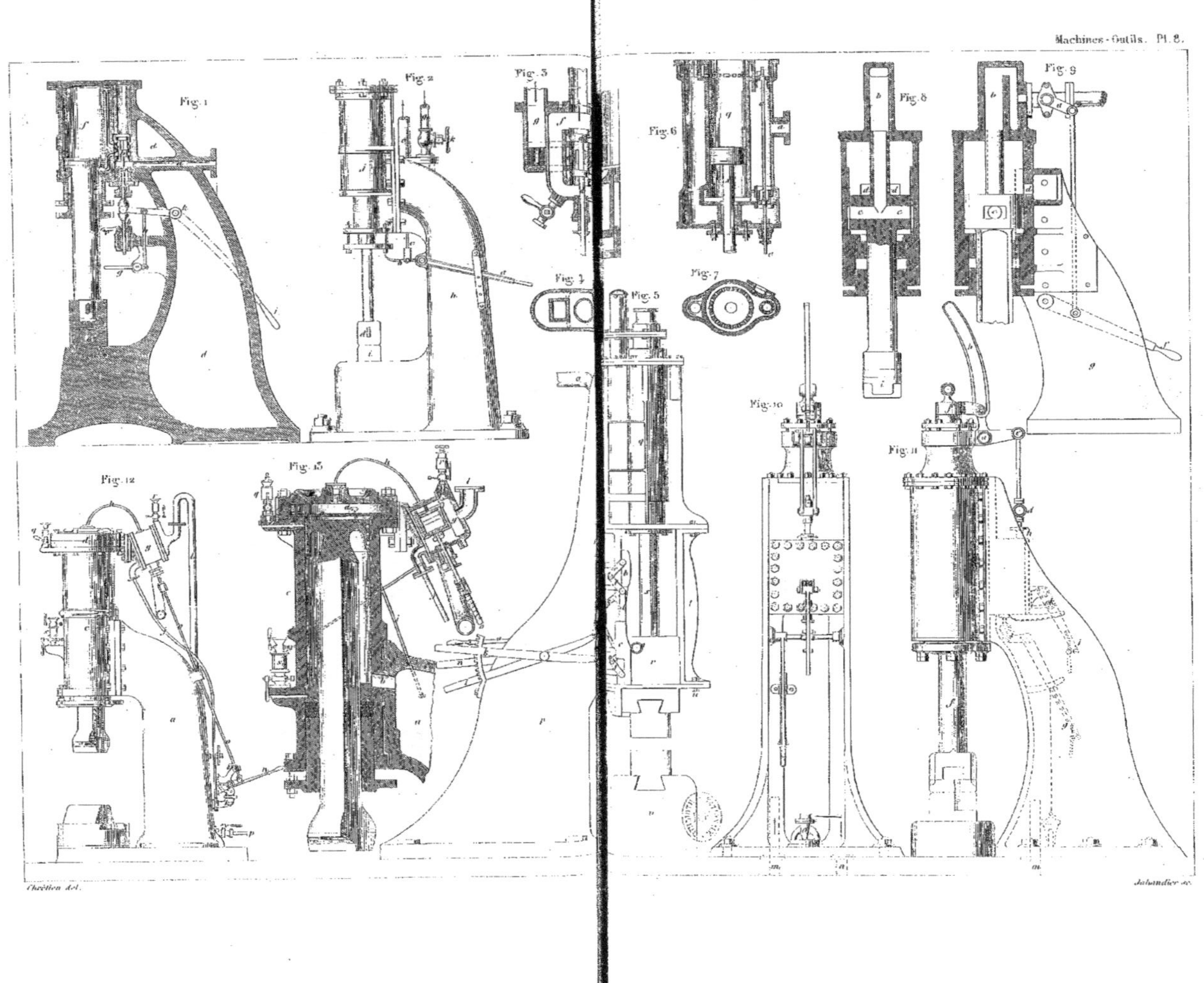

Machines-Outils. Pl. 8.
Fig. 1
Fig. 2
Fig. 3
Fig. 6
Fig. 8
Fig. 9
Fig. 4
Fig. 7
Fig. 5
Fig. 10
Fig. 11
Fig. 12
Fig. 13
Chrétien del.
Jahandier sc.

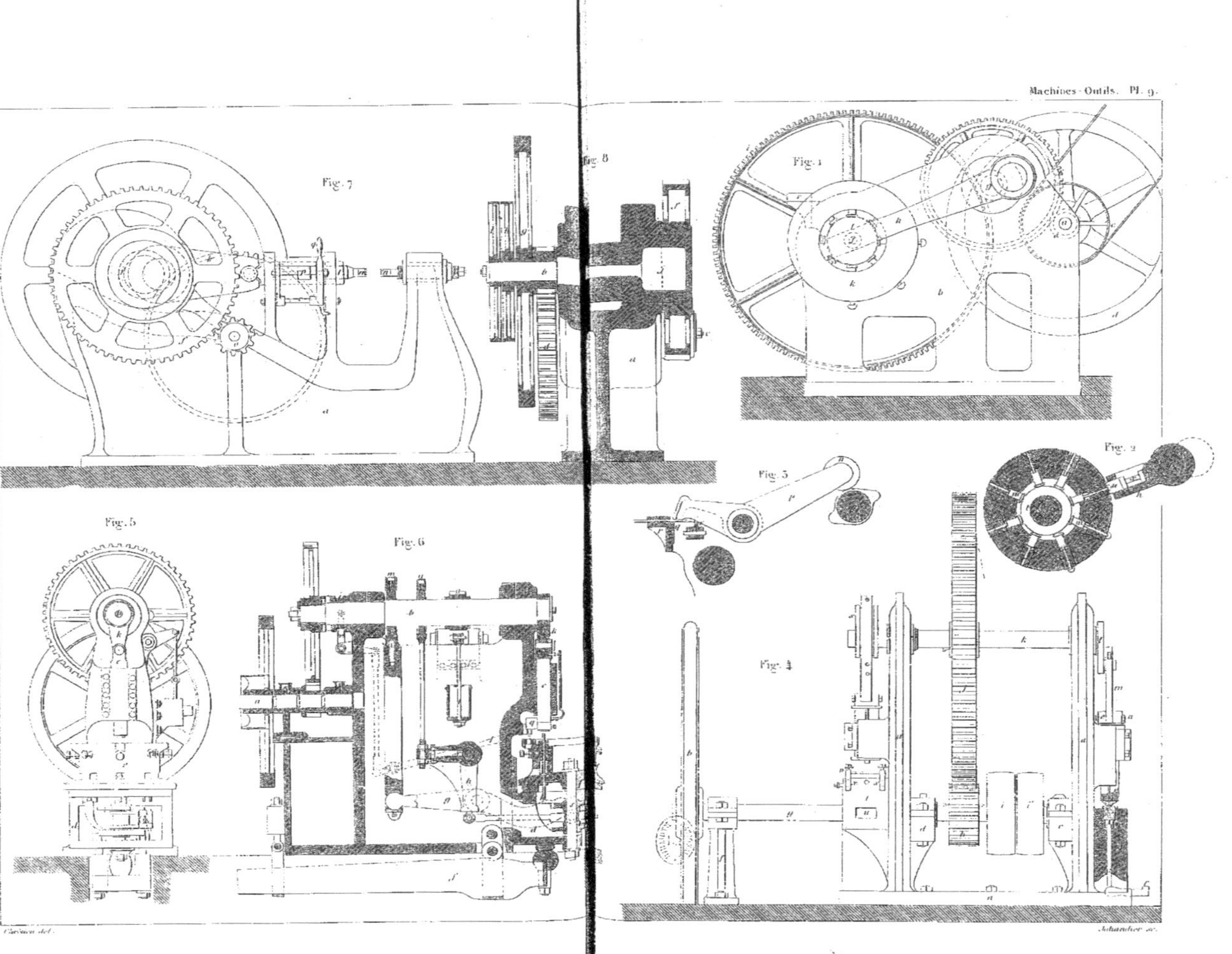

Machines-Outils. Pl. 9.
Fig. 7
Fig. 8
Fig. 1
Fig. 2
Fig. 5
Fig. 6
Fig. 3
Fig. 4

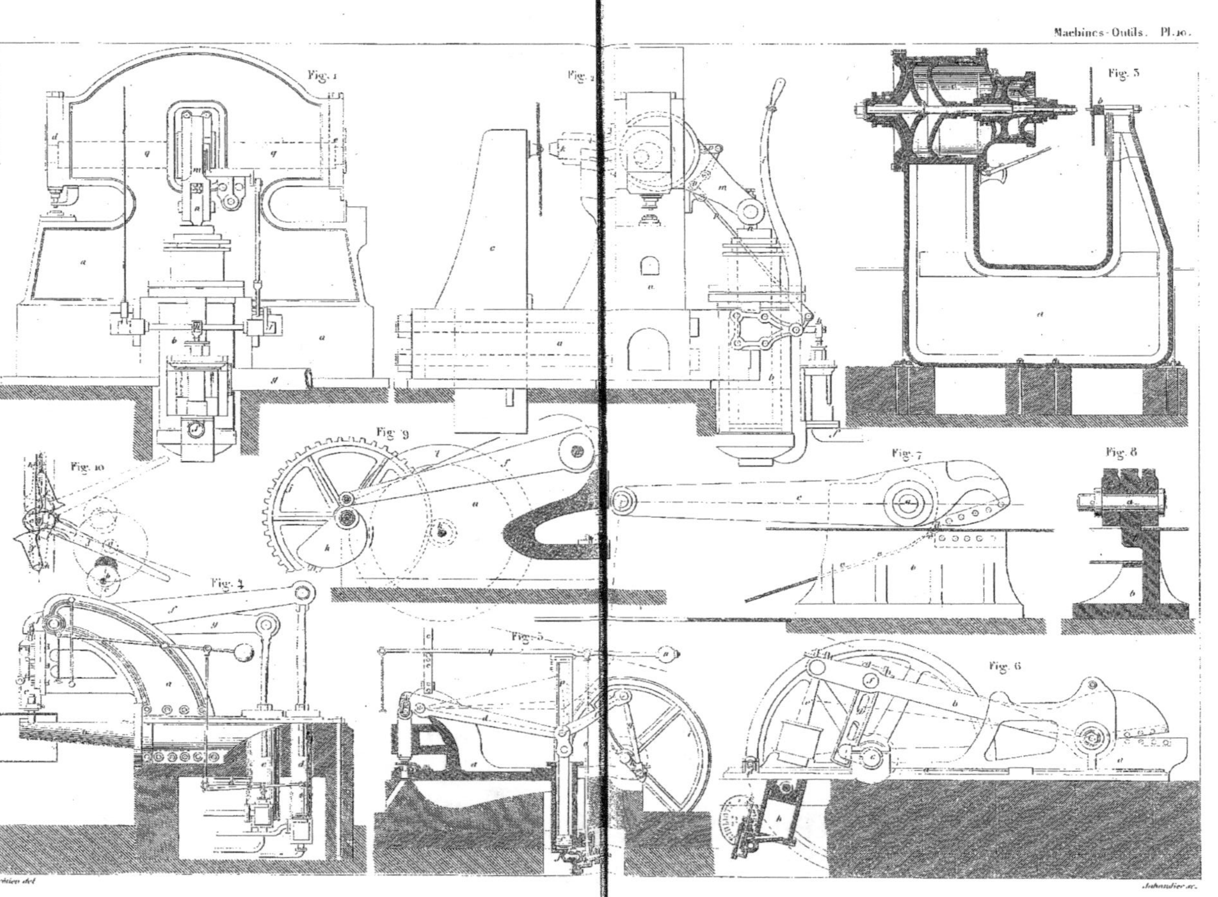

Machines-Outils. Pl. 10.
Fig. 1
Fig. 2
Fig. 5
Fig. 9
Fig. 10
Fig. 7
Fig. 8
Fig. 4
Fig. 3
Fig. 6
Chrétien del.
Jahandier sc.

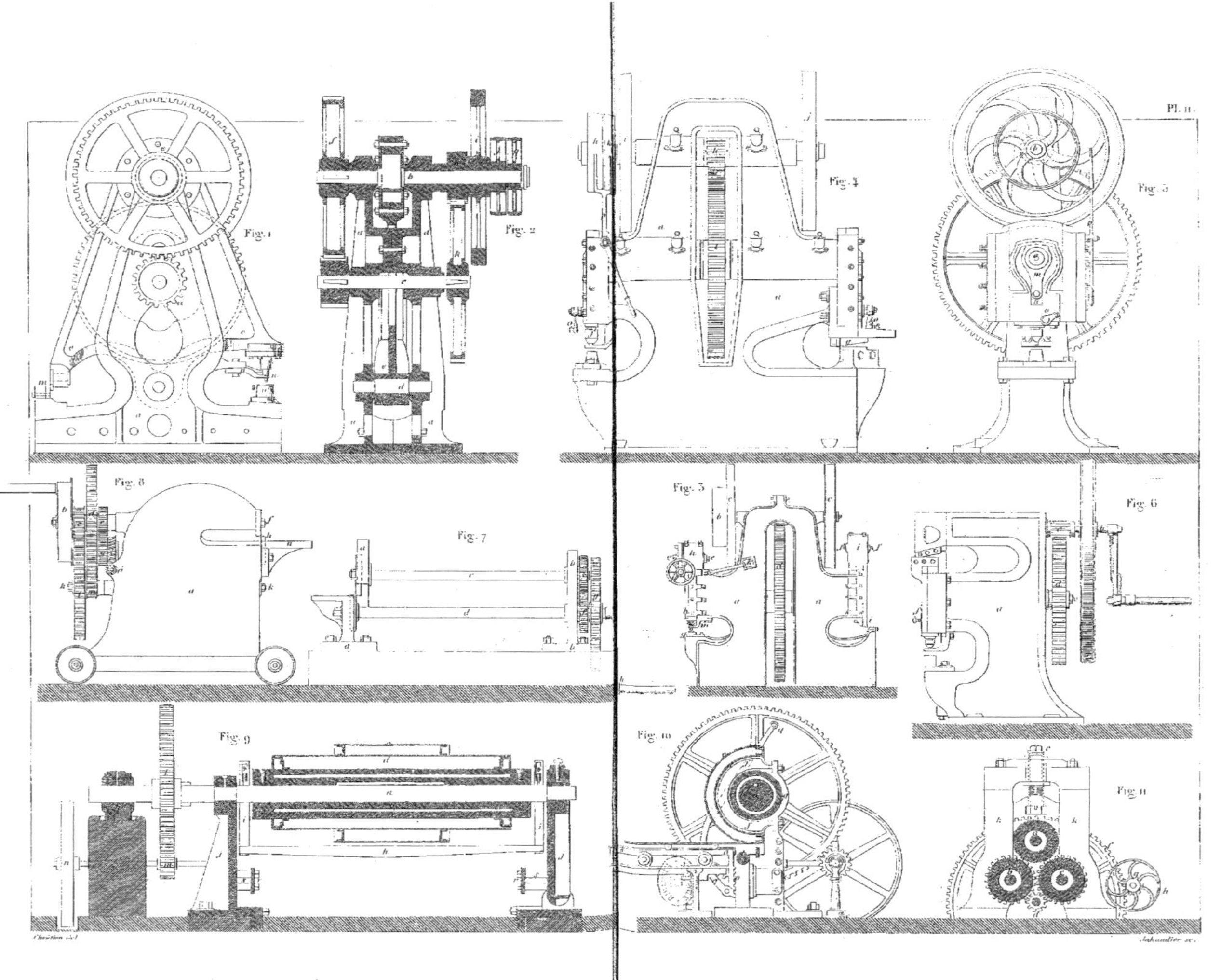

Pl. 11
Fig. 1
Fig. 2
Fig. 3
Fig. 4
Fig. 5
Fig. 6
Fig. 7
Fig. 8
Fig. 9
Fig. 10
Fig. 11
Christen del.
Schuautier sc.

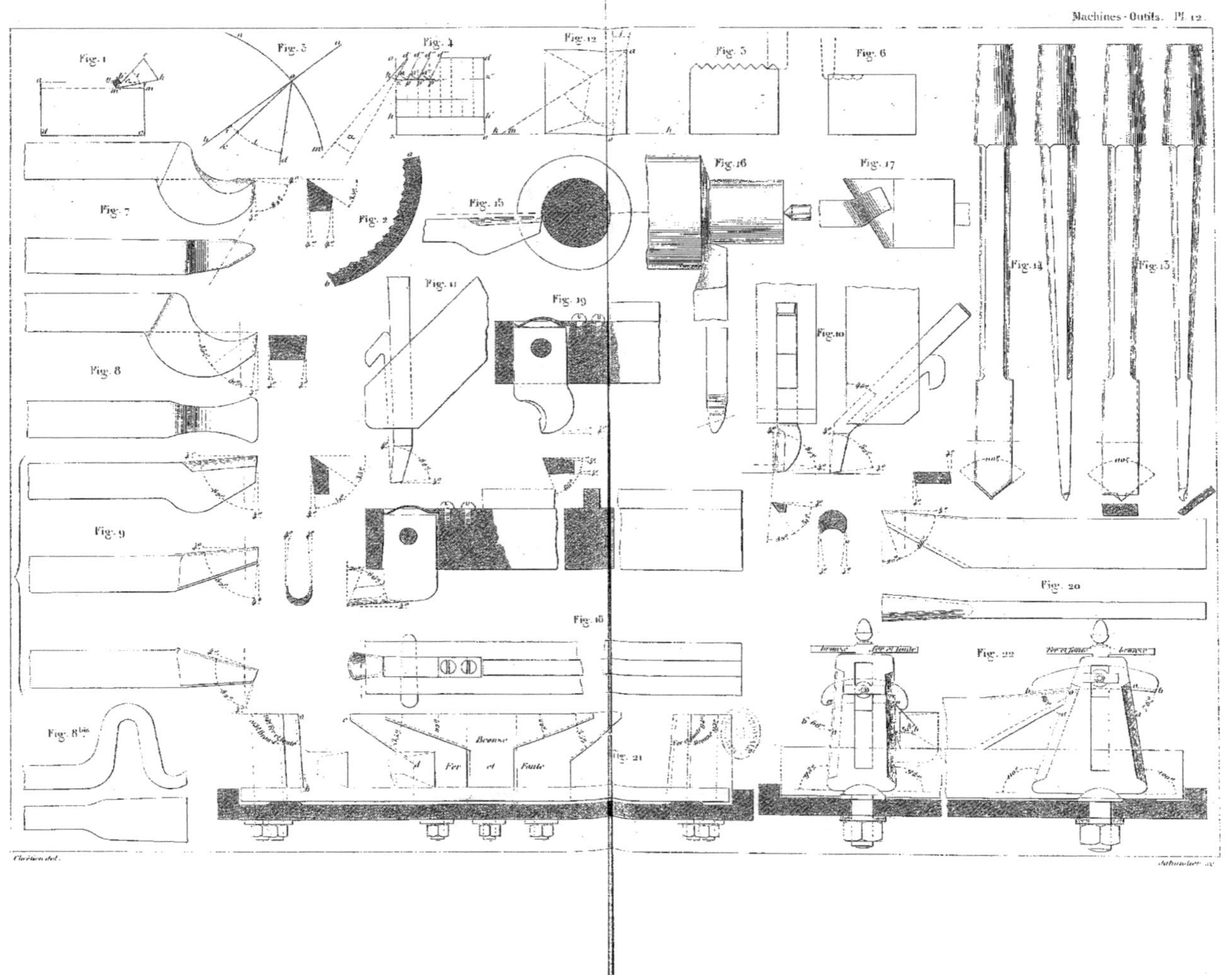

Machines-Outils. Pl. 12.
Fig. 1
Fig. 2
Fig. 3
Fig. 4
Fig. 5
Fig. 6
Fig. 7
Fig. 8
Fig. 8 bis
Fig. 9
Fig. 10
Fig. 11
Fig. 12
Fig. 13
Fig. 14
Fig. 15
Fig. 16
Fig. 17
Fig. 18
Fig. 19
Fig. 20
Fig. 21
Fig. 22
Bronze
Fer et Fonte
Fer et Fonte
Bronze
Chrétien del.
Schwaller sc.

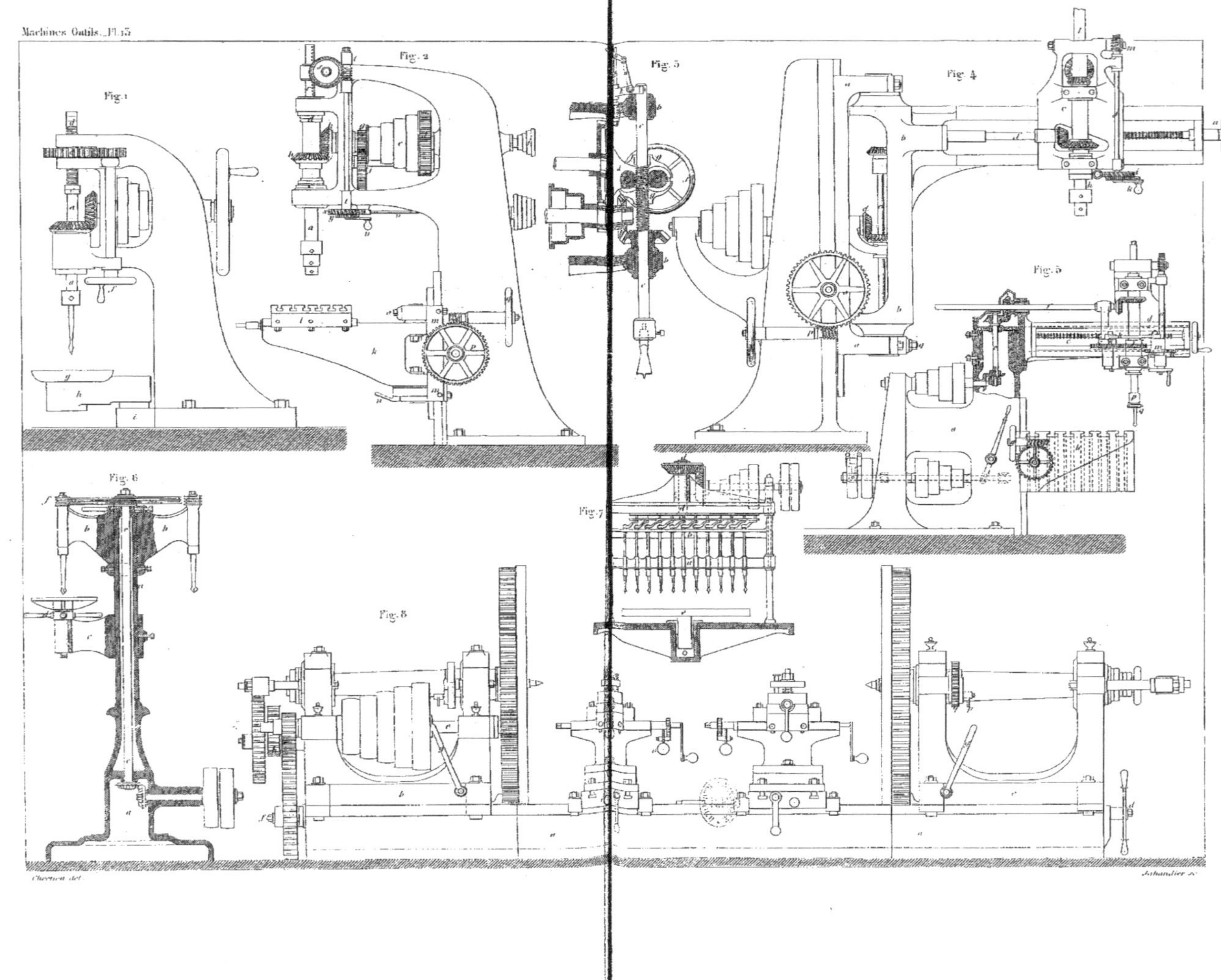

Machines Outils. Pl. 52
Fig. 1
Fig. 2
Fig. 3
Fig. 4
Fig. 5
Fig. 6
Fig. 7
Fig. 8
Chretien del.
Lebandier sc.

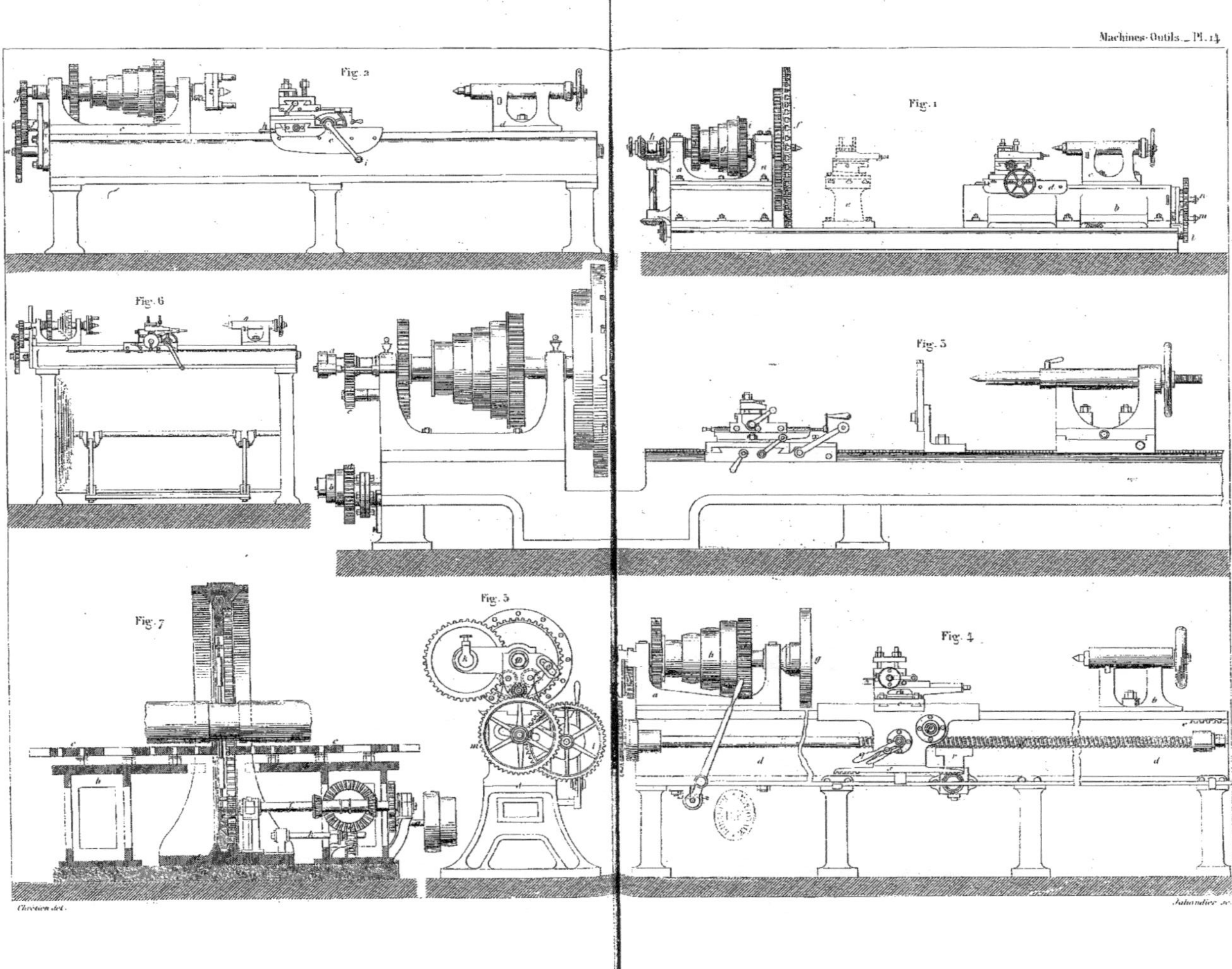

Fig. 1
Fig. 2
Fig. 3
Fig. 4
Fig. 5
Fig. 6
Fig. 7
Machines-Outils. — Pl. 14

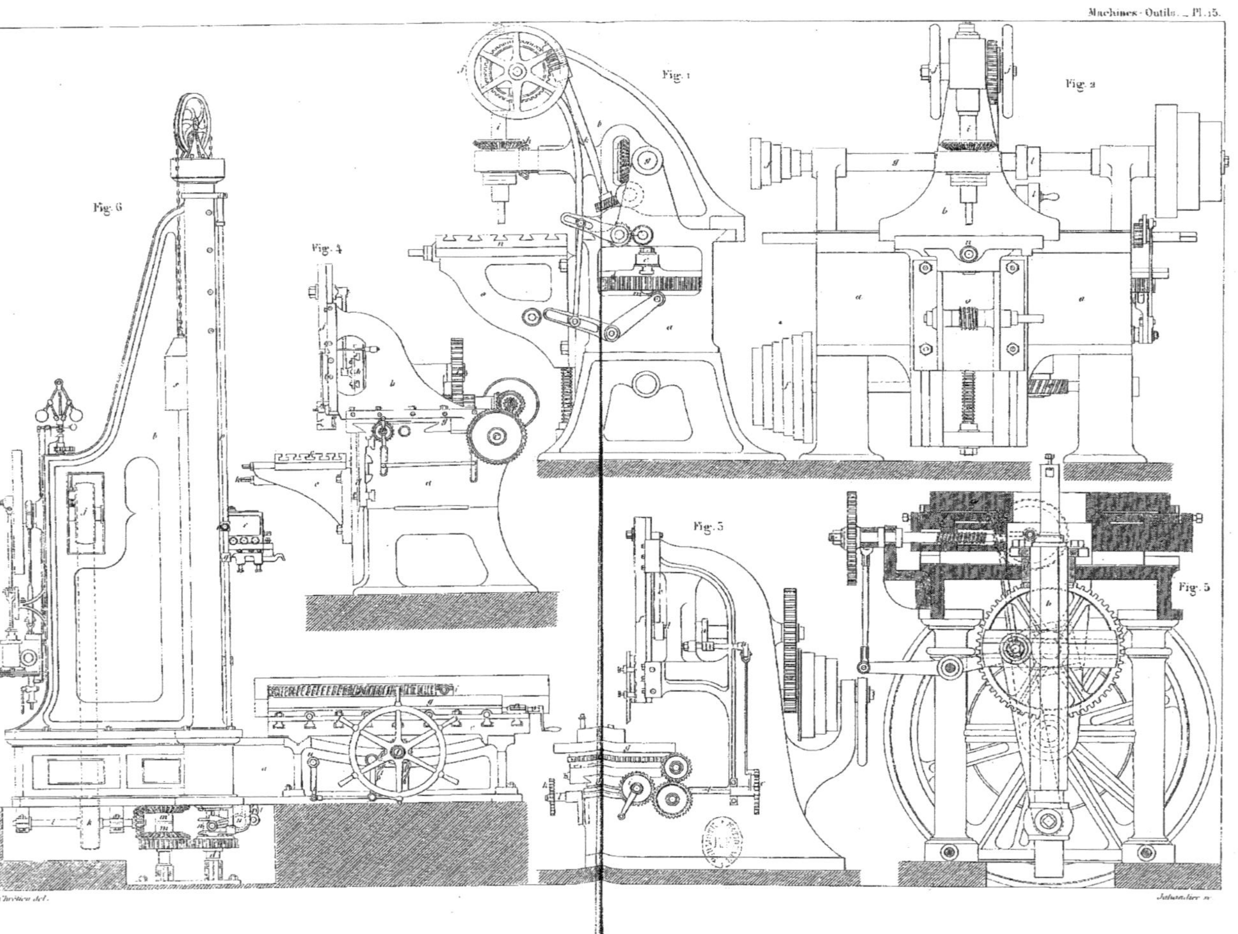
Machines-Outils. — Pl. 15.
Fig. 1
Fig. 2
Fig. 3
Fig. 4
Fig. 5
Fig. 6
Chrétien del.
Jahandier sc.

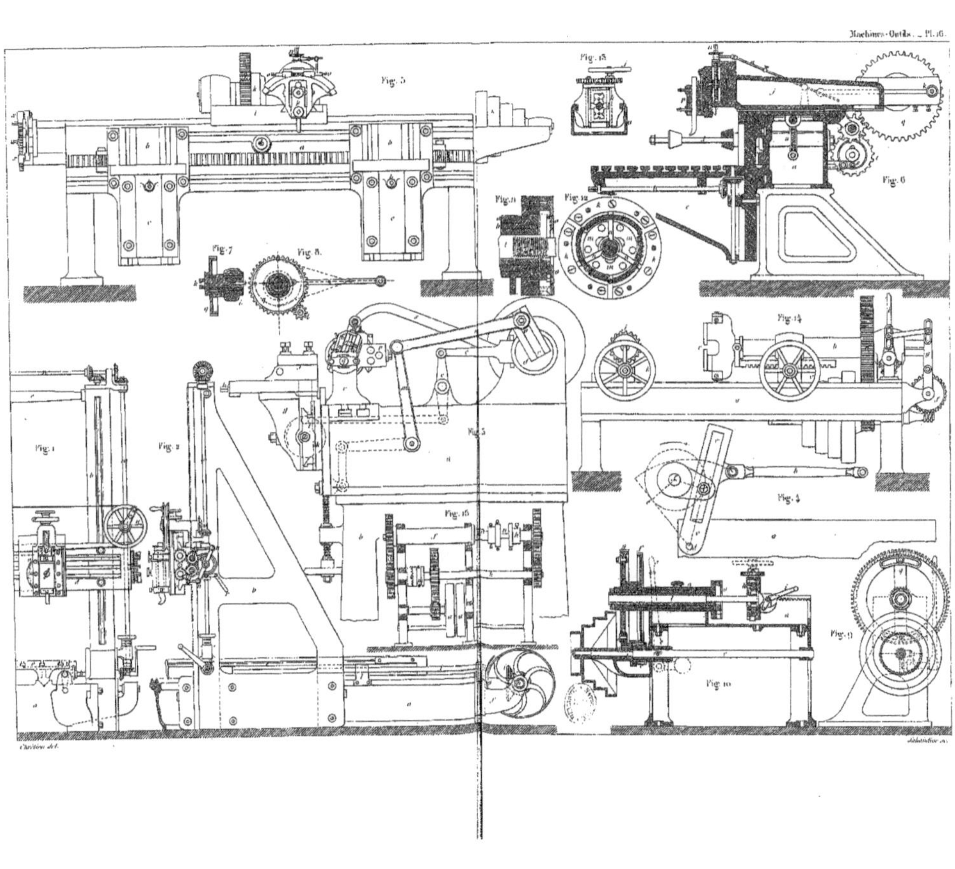

Fig. 1
Fig. 2
Fig. 3
Fig. 4
Fig. 5
Fig. 6
Fig. 7
Fig. 8
Fig. 9
Fig. 10
Fig. 11
Fig. 12
Fig. 13
Fig. 14
Fig. 15

www.ingramcontent.com/pod-product-compliance
Lightning Source LLC
Chambersburg PA
CBHW061631050726
47595CB00007B/3156